AF497316

ÉVOLUTIONS

DES

CAVALERIES ÉTRANGÈRES,

PAR

M. LE DUC D'ELCHINGEN,

Lieut.-Colonel du 5e dragons.

—

CAVALERIE AUTRICHIENNE.

—

Extrait du Spectateur Militaire.

PARIS. IMPRIMERIE DE BOURGOGNE ET MARTINET, RUE JACOB, 30.

ÉVOLUTIONS
DES CAVALERIES ÉTRANGÈRES.

CAVALERIE AUTRICHIENNE.

PRINCIPES GÉNÉRAUX, ORGANISATION ET NOTIONS PRÉLIMINAIRES.

L'ordonnance sur les évolutions de la cavalerie autrichienne est du 15 août 1806. Elle est signée du prince Charles (1).

Chaque régiment se compose de trois ou de quatre *divisions ;*

Chaque *division* de deux escadrons;

Chaque *escadron* de deux *ailes* (*Flügeln*) ;

Chaque *aile* de deux pelotons (*Zügen*).

Les divisions se nomment :

Celle de droite : *division du lieutenant-colonel ;* — celle de la droite du centre (la 2ᵉ) : *division du colonel ;* — celle de la gauche du centre (la 3ᵉ) : *division du premier major ;* — celle de gauche : *division du second major.*

Les escadrons sont numérotés de la droite à la gauche; ils le sont également dans chaque division.

Les ailes extérieures (*die Flügeln*) de deux escadrons formant *division*, s'appellent *premières*, et les ailes intérieures *deuxièmes*. Ainsi, dans les escadrons à la

---

(1) Cette ordonnance a été légèrement modifiée en 1839 en se rapprochant davantage de nos principes, par le général Radetzki.

droite, l'aile droite est *la première* (*erste Flügel*) ; l'aile gauche, *la deuxième* (*zweyte Flügel*) ; et réciproquement dans les escadrons de gauche, l'aile gauche est *la première*, et la droite *la deuxième*.

Les pelotons se numérotent dans la division à partir des ailes vers le centre ; les pelotons de l'escadron de droite ont les numéros pairs, ceux de l'escadron de gauche les numéros impairs. La division est donc ainsi formée :

	2e escadron.				1er escadron.			
1re aile.		2e aile.			2e aile.		1re aile.	
2e peloton.	4e	6e	8e		7e	5e	3e	1er peloton.

L'intervalle entre les divisions est de douze pas. Celui entre les escadrons est rempli par l'étendard de la division et par les lieutenants dans le rang. Les sous-lieutenants et les caporaux remplissent les intervalles entre les ailes. Pour poûvoir travailler par pelotons, il faut que ceux-ci aient au moins six files, dont une peut être creuse. Au-dessous de ce nombre on ne peut plus rompre par pelotons, parce que le front du peloton est moindre que sa profondeur. Dans ce cas on manœuvrera de préférence par *demi*-escadrons.

Si les pelotons sont inégaux, on peut, à l'exception des encadrements, faire passer quelques files d'un peloton dans un autre ; mais, à part ce seul cas, les différentes fractions de troupe doivent toujours être formées sur elles-mêmes, et manœuvrer comme elles sont organisées et constituées, quelle que soit leur force.

Les hommes et les chevaux doivent être rangés par taille des ailes vers le centre. Les plus grands doivent donc être placés dans les divisions du lieutenant-colonel et du second major. Il en est de même dans les escadrons; cependant on doit toujours mettre les hommes les plus adroits en encadrement, en ayant l'attention de placer au premier rang les plus beaux et ceux qui ont les plus belles moustaches (1) , les plus déterminés et les meilleurs cavaliers , sauf, s'ils sont petits, à leur donner des chevaux de plus grande taille.

Les cuirassiers et les uhlans doivent avoir dans chaque escadron seize hommes armés de mousquetons , quatre dans chaque peloton à la droite et à la gauche, au premier et au deuxième rang, à côté des files d'encadrement.

Dans les cuirassiers et les dragons, on ne mettra que les chevaux de robes foncées au premier rang.

Dans la cavalerie légère , les robes seront mélangées sans distinction; il est défendu de classer les chevaux par robes.

Les recrues ou les chevaux moins bien dressés ne doivent être jamais au premier rang. On ne doit pas non plus y mettre de juments en chaleur.

Chaque peloton est divisé en files paires et impaires , en désignant de la droite à la gauche , si le peloton appartient à un escadron de droite ; et de gauche à droite, s'il appartient à un escadron de gauche.

Depuis le règlement provisoire de 1839 on compte par quatre.

Les commandants des divisions sont placés sur le flanc de leur division à une demi-longueur de cheval du premier rang, ceux des divisions de droite à la droite, ceux de gauche à la gauche.

Dans les manœuvres, ils se tiennent là où ils peuvent le mieux se faire entendre.

(1) Il paraît d'après cela que le fameux article 308 n'existe pas en Autriche.

Lorsque le propriétaire du régiment (*Inhaber*) le commande, le colonel reste à sa division ; si, au contraire, le colonel commande, le plus ancien capitaine de la division en prend le commandement.

Les capitaines commandants (*erste Rittmeister*) à droite ou à gauche de leur escadron, suivant la place de celui-ci dans la division, une demi-longueur de cheval en avant du premier rang.

Les capitaines en second (*zweyte Rittmeister*) en serre-files.

Les lieutenants, deux dans le rang à gauche et à droite de l'étendard, entre les deux escadrons.

Les deux autres en serre-files.

Les 4 sous-lieutenants au premier rang, au centre des escadrons.

Les 12 brigadiers (*corporals*) encadrent les pelotons.

Il n'y a donc pas d'officiers en avant du premier rang, à l'exception des capitaines commandants et des commandants de division, qui se portent là où leur présence est nécessaire pour se faire voir et se faire entendre.

La force d'un escadron de cuirassiers ou de dragons est la même sur le pied de paix que sur le pied de guerre ; il doit être fort de 112 hommes montés formant 56 files.

Le peloton sera fort de 28 cavaliers ou 14 files.

Le régiment, de 672 cavaliers ou 336 files.

L'escadron de cavalerie légère est de 128 cavaliers.

Le régiment, de 1,024.

On organise un escadron de dépôt (*reserve Escadron*) en temps de guerre *seulement*.

Le règlement contient beaucoup d'autres prescriptions, mais qui ont trait plutôt au service intérieur et au service en campagne qu'aux évolutions proprement dites ; de la manière de remplacer les officiers qui manquent, de la place des officiers à la suite , du salut du sabre , des honneurs à rendre, du défiler ; chapitre fort long, et qui ne présente pas grande différence avec ce que nous faisons.

Le règlement se divise en vingt-six chapitres relatifs aux mouvements à exécuter à cheval. Il est difficile de comprendre l'ordre dans lequel ils sont classés, des évolutions presque semblables se trouvant jetées à grande distance dans des chapitres différents.

En règle générale, tous les mouvements s'exécutent par des obliques individuels.

Il y a trois moyens d'obliquer employés dans les évolutions : *traversiren*, c'est appuyer, et on l'exécute souvent sur des fronts assez étendus, et pendant un assez long temps pour prendre de forts intervalles.

Die Haltung, c'est notre oblique individuel.

Enfin, *die Ziehung;* dans ce mouvement oblique individuel, s'il se fait à droite, le cavalier de droite du premier rang fait un *demi-à-droite*, et se porte droit devant lui; son voisin de gauche fait également demi-à-droite, et maintient la tête de son cheval à hauteur de la botte de son voisin de gauche (tête à botte). Le second rang agit de la même manière. Après ce mouvement, une troupe en bataille se trouve presque en colonne et a considérablement augmenté son front. Une division de 80 pas en occupe 120.

Cet oblique, si difficile à bien exécuter, est employé dans tous les déploiements, en avant, en bataille et formations quelconques.

Quel que soit le front de la troupe , les divisions com-

posées de deux escadrons obliquent ainsi dans différents cas.

Il est, en outre, prescrit d'exécuter toujours en manœuvre et devant l'ennemi ce mouvement au galop.

Pour faire face en arrière, il y a trois moyens :

1° Un mouvement individuel par lequel les cavaliers
prennent à peu près la position des nôtres; au commandement : *préparez-vous pour mettre pied à terre;*
puis font un demi-tour individuel à droite, et se
remettent en ligne ; dans ce cas, le second rang devient
premier. On emploie rarement ce moyen dans les évolutions.

2° Le demi-tour à droite par quatre, *rechts umkehrt
Euch*, souvent employé.

3° Enfin, par les conversions : *Man wird Front und
Flügel verœndern.* On va changer le front et les ailes.

Erste Escadron im trab oder galop, march. Premier escadron au trot ou au galop, marche. Quand celui-ci a
marché une distance égale à son front, il arrête ; les
commandants de divisions commandent : *Links und rechts
umkehrt schwenkt euch*, à gauche et à droite en arrière
conversion, marche. Le premier escadron fait demi-
tour à gauche, et le second demi-tour à droite, après
quoi le premier escadron se porte en avant, et arrête
à hauteur du second. La division a fait face en arrière,
mais les escadrons ne sont pas *intervertis* dans la division.

Ce qui précède suffit pour faire comprendre les
moyens de détail employés par les Autrichiens pour
arriver à l'exécution des mouvements analogues à
nos évolutions.

Comparaison des Évolutions françaises et autrichiennes.

1re *Évolution.* —FORMER LE RÉGIMENT EN COLONNE SERRÉE.

Pour faire face à droite.

Ce mouvement n'est pas indiqué dans le règlement de 1806, mais le réglement provisoire de 1839 donne le moyen de l'exécuter.

Il se fait comme en France, avec cette différence que les escadrons arrêtent après la conversion, et que l'on serre en masse au commandement du colonel (*schliest Euch*).

Sans changer de front.

Le mouvement n'est adopté ainsi que depuis 1839 comme essai.

Il se fait par quatre.

Garde à vous (*habt acht*).

On va former une masse sur la division du 1er major (*Man wird auf die erste Major cine Masse formiren*).

La division du 1er major ne bouge pas (*die erste Major bliebt stehen*).

Les autres demi-à-droite et demi-à-gauche (*die andern mit vieren halb rechts, halblinks*).

Marche (*marsch*).

Ce mouvement se fait toujours au trot (1).

2e *Évolution.* — PASSER DE L'ORDRE EN COLONNE AVEC DISTANCE (colonne par divisions) A L'ORDRE EN COLONNE SERRÉE PAR LA FORMATION SUCCESSIVE DES ESCADRONS.

---

(1) Ces commandements ont cela de remarquable qu'ils indiquent à chacun ce qu'il doit faire, et désignent très clairement, sans se servir de numéros ou de noms propres, la troupe de formation.

A cette évolution se rattache tout ce qui a rapport à la marche en colonne.

Les principes de la marche en colonne sont à peu près les mêmes que les nôtres ; la colonne peut être formée de pelotons d'ailes ou demi-escadrons (*kalb-Escadron*) ou de divisions.

Les distances entre les fractions doivent être égales à leur front ; on manœuvre de préférence avec la colonne, par pelotons ou demi-escadrons. Pour faire passer une colonne avec distance à l'ordre en colonne serrée sans augmenter le front, on commande (*schliest Euch*) *serrez-vous* ou *en masse serrez la colonne*. La fraction qui était en tête ne bouge pas, ou continue à marcher à l'allure à laquelle elle était ; les autres doublent la leur jusqu'à ce qu'elles soient arrivées à leur distance. Le règlement indique en détail quelles doivent être ces distances suivant les différentes colonnes.

Lorsqu'une colonne serrée est en marche, avant de lui faire faire un mouvement quelconque, on fait un commandement préparatoire pour faire prendre les distances exactes.

Distanz zum aufschwenken (distance pour faire conversion). Pour faire passer une colonne par pelotons en colonne par demi-escadrons, les pelotons impairs (abstraction faite de leur numérotage qui ne sert à rien en manœuvre) font oblique à droite (*Ziehung*), les pelotons pairs obliquent à gauche. Les uns et les autres se redressent lorsque leurs ailes s'accordent, et marchent droit devant eux.

Les pelotons impairs ralentissent l'allure, les autres l'augmentent. La colonne étant ainsi formée par divisions, on la serrerait en masse par le commandement indiqué *schliest Euch.* On passe de la même manière de l'ordre en colonne par demi-escadrons, à celui en colonne par escadrons, et de celui-là à la colonne par divisions.

Si l'on n'a pas de terrain sur la droite, les fractions impaires arrêtent, et les fractions paires doublent en appuyant à gauche (*traversiren*).

Dans ces mouvements les commandements indiquent, comme dans tous les cas, le côté où l'on doit effectuer l'oblique (*zieht Euch rechts* ou *links*).

Ce doublement de front se fait également pour passer de l'ordre en colonne par division, à l'ordre en bataille.

Dans ce cas, la première division arrête ; la deuxième vient se former à côté de la première, et ainsi de suite, et cela toujours par le mouvement oblique de *Ziehung* expliqué plus haut.

Les dédoublements de ces colonnes ont lieu par des mouvements analogues.

Dans la colonne avec distance, si son front est plus grand que celui d'un peloton, les conversions ont lieu à pivot fixe. Elles ont lieu à pivot mouvant si la colonne est par pelotons.

Dans les autres cas, les individus (*die Individuen*) qui sont pivots (ce sont les officiers dans les rangs), commandent *halte*.

Le guide est à l'aile marchante, et celle-ci augmente toujours son allure.

Dans la colonne serrée, quel que soit le front de la colonne, les changements de direction ont toujours lieu à pivot mouvant.

Devant l'ennemi, et en manœuvre, toutes les conversions doivent avoir lieu au galop. Avant de faire

changer de direction à une colonne serrée au galop,
on la fera passer au trot, etc., etc.

Dans les demi-tours complets, pour faire face en
arrière, les pivots arrêtent toujours au commandement
de *halte* du pivot, et les pelotons, demi-escadrons ou
escadrons reprennent l'allure à laquelle on marchait
précédemment au commandement *marche* du commandant de la division.

CHANGEMENT DE DIRECTION DE PIED FERME.
Ce mouvement n'est pas indiqué.

CONTRE-MARCHE.
Se fait par files.

3e *Évolution*. — A GAUCHE EN BATAILLE.
Les mouvements de pelotons à droite ou à gauche
se font comme en France. Le mouvement à gauche en
bataille également, soit en marche, soit arrêté.

On recommande souvent que les guides, qui devien-
dront pivots, au commandement préparatoire, se
placent dans la direction les uns des autres. Cela est
surtout important là où les fractions de troupe peuvent être inégales.

Si le mouvement à gauche en bataille, ou pelotons
à gauche, se fait en marchant à une allure unie, les
différentes fractions, ayant probablement perdu leur
distance, le mouvement ne se fait pas simultanément,
mais successivement, à mesure que chaque fraction
arrive à sa distance.

SUR LA DROITE EN BATAILLE.
Ce mouvement n'est pas indiqué dans le règlement
de 1806; il a cependant lieu maintenant à peu près
comme en France, la ligne tracée à 12 pas seulement

4ᵉ *Evolution.* — EN AVANT EN BATAILLE.

Deploirung in das Alignement der Tete.

Le mouvement est indiqué pour une colonne par pelotons, mais il est applicable à toute autre colonne.

On commande *halte* lorsque le premier peloton est à une distance égale à son front de la nouvelle ligne que l'on veut prendre.

Puis *habt acht* (garde à vous).

Man wird links deploïren und en Front auf marschiren (on va déployer *par la gauche* et se former en front).

Im Schritt, Trab, Gallop, marsch (au pas, trot ou galop, marche.

Comme il a été prescrit qu'en manœuvre et devant l'ennemi tous les déploiements doivent se faire au galop, on ne commandera l'allure que dans l'instruction seulement, et lorsqu'on voudra que le mouvement se fasse plus lentement.

Au commandement préparatoire, les chefs de divisions se portent sur la nouvelle ligne, et marquent le point d'arrivée de leurs divisions.

Chaque peloton, demi-escadron ou escadron, suivant l'ordre dans lequel se trouve la colonne, oblique à gauche par le mouvement de (*Ziehung*). Toutes ces colonnes partielles se portent au point où leur gauche doit appuyer.

Les chefs de ces pelotons commandent *Front* lorsque la tête est à une longueur de cheval de la hauteur du second rang déjà formé.

Le premier peloton a marché sur la ligne et s'est arrêté.

Si l'on était en marche, on *n'arrêterait pas* (1).

____

(1) Mouvement qui nous manque.

Si le premier peloton était déjà établi sur la nouvelle ligne, on n'aurait plus de place pour laisser passer les colonnes partielles ; dans ce cas on aurait recours au moyen compliqué suivant.

On commanderait *gerade zuge links traversirt* (pelotons pairs, appuyez à gauche), ce qui s'exécuterait par le mouvement d'appuyer ; les pelotons pairs se porteraient ensuite à la hauteur des pelotons impairs, puis l'on exécuterait le mouvement ainsi qu'il est prescrit.

Le mouvement s'exécute par la droite, de la même manière. Le côté sur lequel on oblique est *toujours indiqué* dans le commandement général.

Ce serait là l'*en avant, ordre inverse en bataille.*

L'ordre inverse est prescrit lorsque le terrain ne permet pas de se former en ordre naturel.

C'est le *verkehrter Front.* On indique le côté du développement à droite ou à gauche (**1**).

5ᵉ *Evolution.* — FORMER LE RÉGIMENT ÉN ARRIÈRE EN BATAILLE.

Sur la queue de la colonne.

Ce mouvement n'est pas indiqué dans le règlement de 1806, mais il a lieu maintenant par essai ; le colonel commande d'abord le demi-tour, puis après en avant en bataille.

Sur la tête de la colonne, face en arrière en bataille.

On commandera :

Habt Acht (garde à vous).

Man wird rechts deploïren und sich links umkehrt schwenken ; marsch (on va déployer à droite, et se retourner par une conversion à gauche).

<hr>

(1) Il paraît que l'on essaie maintenant ce mouvement en avant en bataille comme en France. Le côté du développement est toujours indiqué ; cela entre dans le système du major Itier.

Le premier peloton marche droit devant lui une distance égale à son front, et fait peloton demi-tour à gauche lorsque son voisin de droite est arrivé à sa hauteur.

Les autres se dirigent par l'oblique à droite (*Ziehung*) sur les places où leurs droites doivent arriver ; ils se redressent et achèvent leur mouvement par le peloton demi-tour à gauche.

Ce mouvement pourrait s'exécuter également ordre inverse ; car il est dit, dans un chapitre à part, que tous les mouvements peuvent se faire par inversion , mais il n'est pas détaillé (1).

Réunion des 3ᵉ *et* 4ᵉ, 3ᵉ *et* 5ᵉ *évolutions.*

Ces mouvements mixtes ne sont pas indiqués dans le règlement de 1806, mais on les fait par essai et par imitation de notre règlement.

Au commandement :

Man wird auf die Mitte auf marschiren ; rechte Flugel links schwenkt Euch ; linke auf marschiren (on va se former sur le centre ; aile droite, à gauche conversion (2).

Réunion des 4ᵉ *et* 5ᵉ *évolutions.*

EN AVANT EN BATAILLE SUR UN ESCADRON DU CENTRE.

FACE EN ARRIÈRE SUR UN ESCADRON DU CENTRE.

Ces mouvements ne sont pas indiqués dans le règlement de 1806, mais on les pratique depuis 1839.

Man wird auf die Mitte auf marschiren (on va se former sur le centre).

---

(1) Il doit se faire par essai comme en France, ainsi que l'en avant en bataille.

(2) Tous ces commandements sont très clairs et parfaitement formulés.

Rechter Flugel rechts umkehrt schwenkt Euch (aile droite demi-tour à droite (1).

6ᵉ *Évolution.* — PAR LA QUEUE DE LA COLONNE A GAUCHE EN BATAILLE.

Ce mouvement n'est pas indiqué ; cependant il a lieu ; mais alors on prend les distances, et on se met en bataille par des conversions ; il se fait par escadrons et divisions.

SUR LA DROITE EN BATAILLE.

Ce mouvement n'est pas indiqué.

7ᵉ *Evolution.* — DÉPLOYER UNE COLONNE SERRÉE.

La colonne serrée se déploie sur l'escadron de tête (on n'indique pas d'autre escadron) par les moyens employés pour l'en avant en bataille, par le *Ziehung.* Les demi-escadrons, escadrons ou les divisions, obliquent à gauche, et vont dans cet ordre prendre leur place sur la nouvelle ligne. La première fraction qui est en tête doit, avant le commandement, se trouver à une distance de la ligne égale à son front ; sinon on doit faire reculer. (*Voy.* l'en avant en bataille.) Ce mouvement n'est qu'indiqué ; les commandements n'en sont pas donnés.

SUR LE 1ᵉʳ ESCADRON EN ÉCHELONS DÉPLOYEZ LA COLONNE.

N'est pas indiqué.

Ce mouvement, en partant de l'ordre en colonne serrée, pourrait s'exécuter par des moyens analogues à ceux indiqués pour les changements de front obliques, et les échelons en colonne avec distance. (*Voy.* les manœuvres autrichiennes, qui diffèrent des nôtres.)

(1) C'est le commandement du major Itier qui indique le demi-tour à faire par les fractions de troupe en avant de celle de formation.

8ᵉ *Évolution.* — MARCHE EN BATAILLE.

Les principes de la marche en bataille sont les mêmes
que les nôtres ; néanmoins le guide *peut être au centre.*

Les commandements pour mettre la ligne en mouvement sont à peu près aussi nombreux que ceux que
nous employons.

Habt Acht (garde à vous).

Man wird mit ganzen Front marschiren (on va marcher
avec tout le front).

Oberst-lieutenants division hat die Direction (la division
du lieutenant-colonel a la direction).

Im Schritt, Trab, Gallop (au pas, trot, galop).

Marsch (marche).

La division de direction a le guide au centre (*nach der
Mitte schaut*) ; les autres, *rechts* ou *links sehen* (guide à
droite ou à gauche).

Pour faire face en arrière, une ligne déployée fait le
rechts umkehrt Euch, demi-tour par quatre.

Ou bien : *Formirung der Front rückwærts* (la contre-
marche par file dans chaque peloton).

Ou bien : *Front und Flügel verœndern* qui s'exécute
par un demi-tour d'escadron ; dans ce mouvement il
est toujours prescrit d'augmenter l'allure.

Les passages d'obstacles d'une ligne déployée se font
absolument comme en France.

Quand plusieurs divisions marchent en bataille sans
intervalle, ce qu'on nomme (*en muraille*), les pelotons
des ailes des divisions sont placés en réserve en arrière.

Il est de règle générale, en temps de paix comme en
temps de guerre, qu'une troupe de cavalerie ne doit
jamais marcher en bataille à moins d'avoir une avant-

garde, et cela lors même que cette troupe ne serait composée que de 30 cavaliers.

Les mouvements obliques en avançant se font par l'oblique individuel *Ziehung* (tête à botte), et même par divisions. Les divisions s'allongent dans cet ordre oblique; et de 80 pas de front qu'elles occupaient, elles en tiennent 120. Les têtes de colonne cherchent à conserver entre elles leurs intervalles et leur direction.

9e *Évolution.* — CHANGEMENT DE FRONT.

CHANGEMENT DE FRONT OBLIQUE SUR L'AILE DROITE.

Ce mouvement est compris dans les principes d'alignement d'une ligne en bataille.

Le 1er peloton ou le 1er demi-escadron fait demi-à-droite au degré d'obliquité indiqué.

Le 2e et successivement les autres se portent droit devant eux, et se portent à leurs places par un mouvement oblique individuel (*die Haltung*, notre oblique).

Le changement de front oblique en arrière sur une aile s'exécute d'après les mêmes principes. Le peloton de formation recule en tournant, tous les autres font demi-tour par trois, et, le mouvement achevé, se remettent face en tête.

Le mouvement se fait aussi sur le centre.

Le peloton base de formation fait son demi-à-droite.

Le reste de la division, la 3e, auquel il appartient, s'aligne par files.

La 4e division se porte en avant oblique à droite, et s'aligne individuellement.

La 2e, voisine de celle de formation, fait son mouvement de la manière que son commandant juge convenable (on ne prescrit pas); il pourra *peut-être*, dit le règlement, faire reculer son 2e escadron (celui voisin

de la formation) , et le faire aligner en arrière à gauche.
Son 1er escadron *pourrait* faire demi-tour et aller prendre sa place par un oblique (*Haltung*). La 1re division,
celle du lieutenant-colonel, fait nécessairement demi-
tour, se porte en avant, oblique, et se remet face en
tête en s'alignant à gauche.

CHANGEMENT DE FRONT SUR L'AILE DROITE.

Schwenkung in die rechte Flanke.

Le mouvement se fait par demi-escadrons.

On commande :

Habt Acht (garde à vous).

Mit halben-Escadrons rechts schwenkt Euch (demi-escadron à droite).

Im Schritt, Trab, Gallop (au pas, au trot ou au
galop).

Marsch (marche).

Halt (halte).

Habt Acht (garde à vous).

Man wird links deploïren und en Front auf marschiren
(on va déployer *par la gauche* (1) et se former *en front*).

A ce commandement, les officiers sur le flanc des
demi-escadrons commandent (*Ziehi Euch links*), oblique
à gauche (tête à botte).

Et le mouvement s'exécute par cet oblique individuel déjà expliqué, chaque colonne partielle se diri-
geant au point où la gauche doit appuyer, et faisant
halte, front, à une longueur de cheval en arrière de la
ligne. Ce mouvement s'exécute au galop comme tout
déploiement.

Si ce changement de front a lieu pour plusieurs divisions à la fois, on devra d'abord, après la conversion

____

(1) Le côté du développement est indiqué.

par demi-escadron terminée, serrer en masse et déployer par les mêmes principes.

Le changement de front ordre inverse se ferait en indiquant le côté du déploiement.

CHANGEMENT DE FRONT EN ARRIÈRE SUR L'AILE DROITE.

Tous les divers changements de front sont possibles par les moyens indiqués ci-dessus. Le règlement ne fait aucune acception de l'ordre inverse ; on se borne à commander le côté du déploiement.

On les exécute de préférence par demi-escadrons, par le mouvement oblique (*Ziehung*), et on les termine par des demi-tours de demi-escadrons.

Tous ces mouvements sont tracés sur une même planche faite pour expliquer le mouvement de passer de l'ordre en bataille à l'ordre en colonne par le déploiement. *Formirung einer Colonne durch die Deploïrung* (ce serait changement de front sur l'aile droite, puis pelotons à gauche).

CHANGEMENT DE FRONT SUR LE CENTRE (A DROITE).
Gebrochene schwenkung auf der mitte.

Lorsqu'il n'y a qu'une division,

L'escadron de droite fait demi-tour à droite par trois, puis par demi-escadron à droite.

L'escadron de formation fait demi-escadron à droite.

Puis chaque escadron déploie par l'oblique (*Ziehung*).

L'escadron de droite se remettant face en tête par le demi-tour par trois.

Si ce changement de front a lieu pour plus d'une division, on serre les colonnes de demi-escadrons avant de déployer.

10ᵉ *Évolution.* — MARCHER EN ÉCHELONS.

Ce mouvement ne s'exécute pas comme en France.

On commande :

Habt Acht (garde à vous).

Man wird mit halben Escadrons rechts abmarschiren, und sich auf die vierte fünfte Rotte oder auf die halbe breite links in Staffet setzen, erste halbe Escadron, marsch. (On va marcher par demi-escadron, par la droite et se former par la gauche en échelons sur la 4ᵉ ou sur la 5ᵉ file ou sur le centre).

Premier demi-escadron. Marche.

Le premier demi-escadron se porte droit en avant, et quand son second rang est arrivé sur le front de la ligne. Le second demi-escadron suit, puis le 3ᵉ, le 4ᵉ, etc., Chacun oblique à droite (*halt* ou *zieht*, le règlement laisse le mode d'obliquer au choix des commandants, il dit, suivant la file *indiquée, eine Jede halt oder zieht*), assez pour avoir en-dehors le nombre de files désignées. On commande ensuite (guide à gauche). Dans cet ordre, on fait face obliquement à gauche par le commande-ment : demi-escadron, un quart à-gauche.

Le règlement autrichien ne parle pas de la retraite en échelons, ni des moyens de faire face à droite ou à gauche ; mais cela s'exécuterait également bien par des commandements analogues à ceux ci-dessus.

Nous verrons les autres formations en échelons ayant pour but de former les lignes obliques. Celle-ci a le plus de rapport avec notre 10ᵉ évolution.

11ᵉ *Évolution.* — PASSER LE DÉFILÉ.

Défilé Passirungen.

Ce que le règlement autrichien appelle passage du défilé, n'est à proprement parler que les doublements et dédoublements dont nous avons donné les principes à la 2ᵉ évolution, marcher en colonne, etc. , etc.

Mais le mouvement analogue à notre passage de défilé est la colonne sur le centre, qui se forme de demi-escadrons, se réunissant en avant et en arrière.

Abmarsch mit halben Escadrons aus der Mitte.

Le déploiement de cette colonne a lieu en avant par les déploiements ordinaires obliques (*Ziehung*) au commandement :

Man wird rechts und links deploïren und en Front aufmarschiren.

On déploie également à droite et sur la droite en bataille. La colonne de droite fait son mouvement par conversion, celle de gauche par l'oblique à gauche.

On déploie aussi pour rester formé en équerre, la colonne de droite faisant à droite en bataille, celle de gauche en avant en bataille. La colonne sur le centre en arrière se forme d'après les mêmes principes que notre passage du défilé en arrière.

12ᵉ *Évolution*. — PASSAGE DE LA LIGNE.

Der Ablœsung der Treffen.

Ce mouvement s'exécute de différentes manières :

1° A quelques détails près, comme en France. La 2ᵉ ligne rompt par demi-escadrons, et chaque division se dirige vers la droite de la division qui est devant elle dans la 1ʳᵉ ligne. Celle-ci fait rentrer des pelotons en arrière pour faciliter le passage de la 2ᵉ.

Il en est de même pour le passage en arrière.

2° La 1ʳᵉ ligne se forme dans chaque division en colonne avec distance, derrière le 1ᵉʳ demi-escadron de chaque division.

La 2ᵉ ligne alors marche en bataille en avant, et passe par les intervalles libres que lui laisse cette formation de la 1ʳᵉ.

Il en est de même pour le passage de la ligne en arrière. Ce mouvement se fait de préférence par demi-escadrons, mais peut avoir lieu par pelotons.

DE LA CHARGE.

On donne pour principe de ne jamais charger *sans réserve;* de faire toujours parcourir à l'avance le terrain sur lequel la charge doit avoir lieu. Les officiers chargés de ce soin important doivent avertir de loin, et par des signes convenus, des obstacles du terrain (1).

C'est une règle prescrite de ne jamais attendre le choc de l'ennemi, mais de le prévenir toujours. Cependant dans des cas bien extraordinaires, et lorsqu'on connaît le caractère de son adversaire, on peut l'attendre et faire une décharge de carabines, et charger immédiatement sur lui.

Les lanciers du second rang doivent passer leur lance à gauche, et mettre le sabre à la main pour défendre leurs chefs de file (2).

Il n'est rien dit des changements de front sur plusieurs lignes.

Mouvements de la cavalerie autrichienne qui n'ont pas leurs analogies dans nos Évolutions.

La marche en échiquier se trouve comprise dans les principes de la marche en bataille ; les escadrons pairs marchent 150 pas en avant. On ne donne pas de détails d'exécution.

Le régiment étant en colonne par demi-escadrons, on forme les échelons pour pouvoir prendre ensuite une position oblique aux commandements.

____

(1) **Voilà de bons principes.**

(2) **Cet usage ne serait-il pas bon à suivre, et ne résulterait-il pas un grand avantage de ce mélange d'armes longues et courtes, surtout dans une charge contre la cavalerie?**

Habt Acht (garde à vous).

Man wird sich auf die vierte funfte Rotte links in Staffel setzen (on va se former en échelons à gauche sur la 4ᵉ ou 5ᵉ file).

Marsch (marche).

Le 1ᵉʳ demi-escadron continue de marcher droit devant lui; les suivants obliquent à gauche du nombre de files indiqué. On marche ainsi en colonne et en échelons jusqu'au moment favorable de se mettre obliquement en bataille, ce qui se fait par le mouvement: pelotons demi-à-gauche. Ce mouvement s'exécute de la même manière par la droite. La colonne étant dans cet ordre en échelons peut donc prendre deux positions obliques: AB par une conversion demi-à-gauche et CD par une conversion trois-quart à droite(1).

Pour arriver à prendre en partant de l'ordre de bataille ces diverses positions, qui ne sont que des changements de front ou de position obliques, on commence par rompre la ligne par pelotons.

En résumé. — Presque tous les mouvements de cette cavalerie, qui a à juste titre une belle réputation, se font par des moyens difficiles, et qui exigent une très grande instruction individuelle, l'oblique *tête à botte.*

— Excepté quelques formations obliques, nous n'a-

---

(1) Les formations obliques si négligées chez nous, sont indiquées de préférence aux formations quarrées.

vons pas grand'chose à emprunter. Les Autrichiens au contraire commencent à nous imiter et à prendre nos méthodes.

Les nouveaux États d'Allemagne, définitivement constitués après la paix, et dont les troupes ont servi dans nos rangs, ont, en faisant leurs règlements postérieurs au nôtre, beaucoup plus imité et copié nos évolutions ; nous allons en indiquer quelques uns, sans les suivre pas à pas, comme nous avons cru devoir faire pour ceux-ci.

Le duc d'ELCHINGEN.
Lieut.-colonel du 5e dragons.